AF234392

DISCOURS

PRONONCÉ SUR LA TOMBE

DE

M. ALPHONSE PICART

Ancien professeur à la Faculté des sciences de Poitiers,
ancien député de la Marne,

LE 19 MAI 1884,

Par M. JACQUIER,

Président de la Société des Sciences et Arts
de Vitry-le-François,
ancien membre du Conseil supérieur de l'Instruction publique.

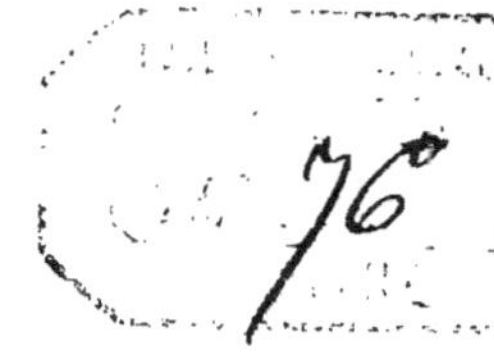

Messieurs,

Lorsqu'un homme comme Alphonse Picart disparaît, c'est un devoir pour la Société des sciences et arts de Vitry, à laquelle il appartenait, de le saluer sur le bord de la tombe, et pour le président de cette Société, de rappeler en quelques mots ce qu'il a été dans l'enseignement, dans la science, et même dans la politique.

Né en 1829 à Bignicourt-sur-Saulx, Alphonse Picart entra en 1843 au collège de Vitry où

il fit de brillantes études classiques. Elève de
mathématiques spéciales en 1850 à l'Institu-
tion de l'excellent M. Barbet, dont les élèves
suivaient les cours du lycée Saint-Louis, il
remporta au concours général le premier prix
de physique ; le professeur de mathématiques,
peu clairvoyant, l'avait écarté de la lutte et
privé sans doute d'un second succès. La même
année, il fut admis à l'Ecole normale supérieure. Dans tous les concours, à l'entrée comme à
la sortie de cette école, et plus tard, en 1856, à
l'agrégation des sciences, il obtint toujours le
premier rang. A cette époque il n'y avait
qu'une seule agrégation pour les sciences mathématiques, physiques et naturelles ; ce qui
devait arrêter le développement des spéciali-
tés. On voulait former, non des savants, mais
des professeurs. La direction des études avait
été modifiée à l'Ecole normale, et à l'Ecole polytechnique ; on était menacé, dans l'enseignement à tous les degrés,de l'invasion de *l'u-
tilitarisme, ce* qui faisait dire à Delaunay ; « Ne
cessons pas de cultiver la science pour elle-
même, sans nous laisser entraîner par la pré-
occupation funeste d'arriver immédiatement à
des résultats d'une utilité pratique. »

A l'Ecole normale, on cherchait, dans un but
politique, à comprimer les esprits. Au coup
d'Etat du 2 Décembre, le jeune Picart eut
l'imprudence de manifester son indignation,
et ne dut son salut qu'à une circonstance sin-
gulière ; on s'adressa à un homme de la police
qui, sans qu'on le sût, était son parent, et qui
le servit doublement, en courant à l'Ecole normale l'avertir du danger, et en donnant d'ail-
leurs les meilleurs renseignements sur sa fa-

mille. Mais l'administration impériale ne lui fut guère favorable. Après avoir débuté comme professeur-adjoint au lycée de Strasbourg, il resta longtemps simple divisionnaire au lycée Charlemagne ; on ne lui tenait compte ni de son premier rang à l'agrégation des sciences, ni des succès de son enseignement, ni de la thèse brillante de géométrie supérieure qu'il soutint en 1863 pour le doctorat ès-sciences mathématiques. En 1867, on lui envoya les palmes d'officier d'académie pour se dispenser de le nommer titulaire. Lorsqu'il obtint en 1869 une classe de mathématiques spéciales, il ne la dut qu'à la protection d'un de ses élèves qui voulait, sous la direction d'un maître si habile, achever sa préparation à l'Ecole polytechnique : ce jeune homme était fils d'un ingénieur célèbre, directeur général d'une grande ligne de chemins de fer, à qui un ministre n'avait rien à refuser.

Malheureusement, l'enseignement des mathématiques spéciales était trop fatigant pour un professeur dont la santé était déjà chancelante ; il se vit obligé, en 1872, sous le ministère de M. Jules Simon, de quitter les lycées pour passer dans l'enseignement supérieur, en acceptant à la Faculté des sciences de Poitiers la chaire de calcul différentiel et intégral. Mais il ne devait pas garder longtemps des fonctions qui convenaient si bien au professeur et au savant géomètre.

M. Flye-Sainte-Marie, député de la Marne, ayant donné sa démission au commencement de l'année 1873, quelques personnes pensèrent que M. Picart qui appartenait comme lui, par sa famille, à notre arrondissement, pourrait bien le remplacer. On était encore sous le régime du scrutin de liste ; il fallait un homme d'une valeur incontestable qui pût être accepté par tout le département, et figurer avec honneur dans cette vaillante députation de la Marne qui comptait même des noms illustres. Lorsqu'on lui offrit la candidature, il hésita quelques jours ; il fit enfin le sacrifice d'une vie calme et sereine, passée dans le sanctuaire de la science, et il osa affronter une lutte électorale qui, peut-être, serait sans justice et sans dignité; il ne vit que l'honneur de travailler avec M. Thiers à l'établissement de la République. Quoiqu'il ne fût soutenu que par son mérite personnel, il fut élu au premier tour de scrutin, par 41,000 voix contre 23,000 obtenues par M. le général Boissonnet, président du Conseil général, qui venait après lui sur une liste de candidats qui n'étaient ni sans valeur ni sans notoriété. Cette élection fit une grande sensation ; les uns y virent le triomphe de la démocratie, les autres celui de la liberté, ce qui n'est pas tout-à-fait la même chose. L'élection d'un député est toujours un fait considérable ; un homme sensé ne peut s'approcher avec indifférence de l'urne électorale, d'où peut sortir un Bailly ou un Robespierre. Archimède, armé de son levier, ne demandait qu'un point d'appui pour remuer le monde : le député l'a sous la main, ce point d'appui ; c'est le suffrage universel, qui n'a pas toujours la conscience de cette résistance. Par l'influence de ses votes, le député soulève, abaisse, élève, renverse tous les fonctionnaires, depuis les ministres jusqu'aux gardes-champêtres. Un homme de science, épris de vérité et de justice, est plus qu'un autre défendu contre les instigations malsaines qui le porteraient à abuser d'un pouvoir aussi redoutable.

M. Picart fut élu le 27 avril 1873 à l'assemblée nationale. Le 24 mai suivant, la triple coalition monarchique renversait M. Thiers, le vainqueur de l'insurrection, le libérateur du territoire ! Mais les efforts de cette coalition devaient plus tard être frappés d'impuissance. Le 30 janvier 1875, l'amendement Wallon, qui préparait l'avenir de la République, était voté à une voix, à une seule voix de majorité ; enfin le 25 février suivant, l'assemblée nationale, entraînée par la force des choses, donnait avant de mourir, la République à la France.

Le scrutin d'arrondissement, du 20 février 1876, envoya M. Picart à la nouvelle Chambre des députés. Le ministère du 16 mai 1877, dernière tentative monarchique, renversa les 363, qui suivant les prévisions de Thiers et de Gambetta, furent réélus le 14 octobre. La République était donc le gouvernement définitif, et le rôle politique d'Alphonse Picart était rempli.

Mais lorsqu'il était devenu député ; sa carrière universaire était terminée ; le mauvais état de sa santé ne devait plus lui permettre de reprendre sa chaire.

Il n'avait pas renoncé aux recherches mathématiques qui l'avaient séduit dans sa jeunesse. Dès l'année 1858, un mémoire présenté à l'Institut avait appelé sur lui l'attention des géomètres. Il s'occupait surtout de la théorie générale des surfaces, dont les propriétés avaient d'abord été découvertes et démontrées au moyen de l'analyse algébrique. M. Picart attaqua la question par une méthode purement géométrique qui le conduisit rapidement aux théorèmes connus, et même à des résultats nouveaux exposés surtout dans sa thèse pour le doctorat. Ce travail a été cité avec éloges en 1867 par M. Joseph Bertrand, dans son rapport sur les progrès de l'analyse mathématique. « M. Picart, dit-il, a montré qu'un esprit sagace et désireux de la simplicité peut perfectionner et élucider les travaux des maîtres les plus habiles. Si cette théorie élégante doit devenir classique, la thèse excellente de M. Picart y aura, sans nul doute, beaucoup contribué. » D'autres mémoires de lui ont été publiés dans les annales de l'Ecole normale supérieure, et analysés par M. Chasles dans son rapport sur les progrès de la géométrie. Ce qui caractérise son talent, c'est sa prédilection pour la géométrie, science si importante, qu'elle a donné son nom aux mathématiques elles-mêmes. Mais il n'en était pas moins habile à manier l'analyse. Dans les derniers temps, il avait entrepris un travail considérable sur la mécanique rationnelle. Après bien des années de patientes études, il eut l'idée de réunir, de coordonner, de concentrer en un faisceau tous les résultats épars dans les traités spéciaux, dans les mémoires de physique mathématique, et de les exposer sous une forme précise, simple et rapide qui pût dispenser les jeunes savants de recourir aux sources originales et aux méthodes si ardues des premiers maîtres. Son livre devait avoir pour titre :

Principes mathématiques des lois générales du monde physique.

La production d'un ouvrage de ce genre était attendue depuis longtemps. « Les inventeurs, a dit un illustre géomètre, ont fait ce qu'ils avaient à faire ; avant tout, il fallait arriver, peu importe par quels détours. On est assez avancé aujourd'hui pour regarder en arrière, et songer à dissiper les ténèbres en montrant la trace la plus droite de la vérité ».

Ce que M. Bertrand a fait lui-même pour le calcul différentiel et intégral, Alphonse Picart entreprit de le faire pour la mécanique des infiniment grands et des infiniment petits de l'univers. A-t-il réussi dans cette tentative qualifiée de téméraire par Lagrange, qui n'osa s'en charger ? Le manuscrit est là, attendant un éditeur et un imprimeur. N'est-il qu'une savante étude, témoignage d'une grande puissance d'esprit, et d'une vaste érudition mathématique ? Ou bien n'est-il pas une œuvre accomplie, durable, définitive ? C'est à l'Académie des sciences à prononcer.

L'Auteur n'est plus ; il ne jouira plus de son œuvre ; mais il lui restera l'honneur de l'avoir entreprise. On peut dire de lui qu'une longue et douloureuse maladie l'a empêché de « remplir tout son mérite ». Cette parole de Labruyère, prononcée sur cette tombe, résume nos éloges et nos regrets.

Vitry-le-François, Typ. PESSEZ et Cie.

38